BEI GRIN MACHT SICH IHR WISSEN BEZAHLT

AF139755

- Wir veröffentlichen Ihre Hausarbeit,
  Bachelor- und Masterarbeit

- Ihr eigenes eBook und Buch -
  weltweit in allen wichtigen Shops

- Verdienen Sie an jedem Verkauf

Jetzt bei www.GRIN.com hochladen
und kostenlos publizieren

Bibliografische Information der Deutschen Nationalbibliothek:

Die Deutsche Bibliothek verzeichnet diese Publikation in der Deutschen National-
bibliografie; detaillierte bibliografische Daten sind im Internet über http://dnb.d-
nb.de/ abrufbar.

Impressum:

Copyright © 2016 GRIN Verlag, Open Publishing GmbH
Druck und Bindung: Books on Demand GmbH, Norderstedt Germany
ISBN: 9783668272040

Karla Scholz

Welchen Einfluss hat das geschlechtsspezfische Kommunikationsverhalten von Mann und Frau auf die Kommunikation im Internet?

GRIN Verlag

Inhaltsverzeichnis

1. Einleitung 2

2. Das geschlechtsspezifische Kommunikationsverhalten von Mann und Frau 4

    2.1. Geschlechtsspezifische Merkmale in der Männersprache 4

    2.2. Geschlechtsspezifische Merkmale in der Frauensprache 5

    2.3. Hypothesen zum weiblichen Sprachverhalten 6

3. Die Kommunikation von Mann und Frau im Netz 8

    3.1. Das aktuelle Nutzungsverhalten in Deutschland und Erläuterungen zur Chatkommunikation 8

    3.2. Die Männersprache im Netz 9

    3.3. Die Frauensprache im Netz 11

4. Einfluss der geschlechtsspezifischen Kommunikation auf die Kommunikation im Netz 12

5. Fazit 14

6. Quellenverzeichnis 15

Anhang 17

1. Einleitung

Fallbeispiel einer Kommunikation im Internet:

Sie (10:30 Uhr): „Hallo Stefan, das vergangene Wochenende mit dir war sehr schön und ein tolles Erlebnis für mich. Hat's dir auch so gut gefallen? *kuss*"

Er (11:08 Uhr): „Ja, war gut."

Sie (11:09 Uhr): „Ich freue mich schon auf den morgigen Abend, an dem wir gemeinsam etwas leckeres Kochen können. Danach machen wir's uns bei Kerzenschein gemütlich. ☺"

Er (11:51 Uhr): „Gute Idee, bin dabei."

Sie (11:53 Uhr): „Ich bin jetzt ein wenig verwirrt... und weiß gar nicht, wie du das meinst... Hat das Wochenende dir denn gar nicht gefallen? Wollen wir uns morgen besser nicht treffen?"

Er (12.26 Uhr): „Doch, wie kommst'e darauf?"

Einen derartigen beispielhaften Gesprächsablauf zwischen Mann und Frau findet man heutzutage häufig in der Internetkommunikation. Man fragt sich, was eigentlich zwischen den Beteiligten passiert ist.

Hat wirklich beiden das Wochenende gefallen? Sprechen Mann und Frau unterschiedliche Sprachen? Warum schreibt die Frau so ausführlich und mit vielen Adjektiven? Warum antwortet der Mann so kurz und direkt? Gibt es auch Situationen, in denen die Männer kommunikativer sind? Oder ist der Gesprächsverlauf eine Folge der Internetkommunikation? Wäre das Gespräch im Rahmen einer Face-to-Face-Kommunikation anders verlaufen?

Das Internet ist für die Wissenschaft natürlich ein sehr junges Thema, denn erst seit 20 Jahren bindet das Internet das Interesse von Forschern und Soziologen. Demnach existieren erst wenige Veröffentlichungen oder Forschungsergebnisse, die die Integration des Internets in seine gesellschaftliche Umwelt analysieren. Auch der Zusammenhang zwischen geschlechtsspezifischer verbaler Kommunikation und der Netzkommunikation ist noch unerforscht,[1] obwohl schon der Großteil der deutschen Bevölkerung auch im Netz kommuniziert (in 2015: Männer 82,2%, Frauen 73,1%)[2].

Da auch in meiner Umgebung die Menschen immer mehr im Internet kommunizieren, habe ich mich entschieden, in dieser Facharbeit den Einfluss der geschlechtsspezifischen Kommunikation auf die Kommunikation im Netz zu analysieren. Erst mit diesen Kenntnissen kann man auch das Verhalten der unterschiedlichen Geschlechter im Internet einordnen, bewerten und auch die Besonderheiten der Internetkommunikation verstehen.

---

[1] Vgl. Christian Papsdorf: *Internet und Gesellschaft*. Frankfurt am Main 2013, S. 30
[2] http://de.statista.com/statistik/daten/studie/3100/umfrage/internetnutzung-in-deutschland-nach-geschlecht-seit-2001/

Dazu werde ich im zweiten Kapitel die geschlechtsspezifischen Kommunikationsmerkmale von Mann und Frau gegenüberstellen. Ausgehend von diesen Ergebnissen wird im dritten Kapitel die Analyse der geschlechtsspezifischen Kommunikation im Internet im Vordergrund stehen, um dann zu prüfen, inwieweit die Internetkommunikation durch die geschlechtsspezifische Face-to-Face-Kommunikation beeinflusst wird. Diese Auswirkungen werden im vierten Kapitel zusammengefasst. Abgerundet wird die vorliegende Facharbeit dann durch ein abschließendes Fazit.

2. Das geschlechtsspezifische Kommunikationsverhalten von Mann und Frau

Viele Wissenschaftler wie beispielsweise der Kommunikationspsychologe Dr. Friedemann Schulz von Thun[3] oder Deborah Tannen[4] haben sich in der Vergangenheit mit der geschlechtsspezifischen Kommunikation beschäftigt. Einigkeit besteht darin, dass die Kommunikationsstile von Mann und Frau unterschiedlich sind; bezüglich der Ursachen dazu gibt es verschiedene kontrovers diskutierte Theorien. In den folgenden Kapiteln 2.1. bis 2.3. werde ich nun diese Kommunikationsstile sowie die verschiedenen wissenschaftlichen Theorien in Kurzform darstellen. Diese Informationen bilden dann die Grundlage für die Analyse der Internetkommunikation.

2.1. Geschlechtsspezifische Merkmale in der Männersprache

Der Kommunikationsstil des Mannes basiert eher auf der **Sachebene**, bei der die Vermittlung von Informationen, Zahlen und Resultaten im Vordergrund steht. Der Kommunikationszweck der Männer ist darauf ausgerichtet, den eigenen Status festzulegen **(Asymmetrie)**.[5] Männern ist es wichtig, durch ihre Kommunikation Unabhängigkeit zum Ausdruck zu bringen. Sie denken häufiger in Gewinner-Verlierer-Kategorien und wollen sich durch ihre Ausdrucksweise profilieren. Dabei bringen sie Ihr Anliegen auf den Punkt, was souverän und selbstsicherer wirkt. Das Gesprächsklima und Kooperation stehen dabei nicht im Vordergrund.[6]

Diese Basis beeinflusst die verbalen Ausführungen des Mannes. Sie sind geprägt von analytischen, status- und sachorientierten Aussagen, mit dem Ziel einer klaren Kommunikation. Männer verwenden häufig „Man „ oder „Wir"-Formulierungen, um einen sachlichen sowie objektiven Eindruck zu vermitteln, um lange und ungestört zu reden. Es werden statusmanifestierende sprachliche Mittel bevorzugt (z.B.„Wir Ärzte").[7]

Eine weitere Eigenschaft des männlichen Kommunikationsstiles ist die Objektivität und Generalität; sie reden unpersönlich, distanziert und oft auch allgemeingültig. Dadurch machen sie sich weniger verantwortlich für ihre Aussagen. Des Weiteren argumentieren sie häufig auch mit selbstaufwertenden Aussagen wie z.B. Selbstlob, Schuldzuweisungen und Witze auf Kosten anderer.[8]

---

[3] Vgl. Friedemann Schulz von Thun: *Miteinander reden 3.* Reinbek bei Hamburg 1998
[4] Vgl. Deborah Tannen: *Du kannst mich einfach nicht verstehen.* München 1993
[5] Vgl. http://arbeitsblaetter.stangl-taller.at/GESCHLECHT-UNTERSCHIEDE/Geschlecht-Kommunikation.shtml
[6] Vgl. Katrin Oppermann / Erika Weber: *Frauensprache-Männersprache.* Zürich 1995, S. 37ff.
[7] Vgl. Antje Kreher: *Frauensprache – Männersprache, Die Geschlechtsspezifische Unterschiede in der Kommunikation.* Norderstedt 2008, S. 9
[8] Vgl. Antje Kreher: *Frauensprache – Männersprache, Die Geschlechtsspezifischen Unterschiede in der Kommunikation.* Norderstedt 2008, S. 9

Da der männliche Kommunikationsstil statusorientiert ist, fällt es den Männern grundsätzlich schwer, Fragen zu stellen, denn damit begeben sie sich in eine schwächere und untergeordnete Rolle als gewünscht.[9]

Auffällig ist auch, dass das Sprachverhalten eines Mannes abhängig von der jeweiligen Situation ist. In öffentlichen Situationen, bei denen einen sachbezogene Kommunikation im Vordergrund steht, fühlen sich die Männer wohler, da sie hier auch die Möglichkeit haben, sich zu positionieren und ihre sachbezogene Sprache zu nutzen. Das Zuhause, die private Situation also, ist für die Männer ein Ort der Entspannung, an dem es nicht unbedingt notwendig ist, zu reden und kein Druck besteht, sich ständig zu beweisen. Hier ist der Redeanteil entsprechend kleiner.[10]

2.2. Geschlechtsspezifische Merkmale in der Frauensprache

Die Kommunikation der Frauen basiert auf einer möglichst harmonischen **Beziehungsebene**[11] mit dem Streben nach Harmonie, emotionaler Nähe und der Akzeptanz des Gesprächspartners (= Gleichberechtigung). Frauen möchten eine **Symmetrie** erreichen, die vermittelt „Wir sind gleich, wir sind uns nahe".[12] Ruth Ayaß beschreibt diesen Stil als „unterstützend, emotional, persönlich, kooperativ und egalitär"[13]. Deborah Tannen definiert diesen Stil als „Bindungssprache".[14]

Diese Basis beeinflusst somit auch die Art der Ausführungen. Frauen besitzen und nutzen einen größeren Wortschatz, um ihre Gefühle und Stimmungen zu beschreiben. Sie drücken gerne ihre Gefühle aus, indem sie Übertreibungen, Formen der Verniedlichungen (z.B. „das ist ja süß") und Intimitäten nutzen. Vermieden werden hingegen Kraftausdrücke, Flüche und Zweideutigkeiten.

Auch zeichnet sich die verbale Kommunikation der Frau durch eine teamorientierte Denkweise aus. Dies erkennt man an dem Streben nach Konsens sowie Formulierungen, die eher auf die Gefühle des Gesprächspartners achten. Sie formulieren Vorschläge vorsichtiger, bringen Relationen zum Ausdruck und reagieren meist auf einen rauen und aggressiven Umgangston sensibel.[15] Oft genutztes Stilmittel sind hierbei die empathischen Adverbien, die als Intensivierungsmittel fungieren („so", „wirklich", „ehrlich", „Das ist ja so wahr").[16]

---

[9] Vgl. Katrin Oppermann / Erika Weber: *Frauensprache – Männersprache.* Zürich 1995, S. 78
[10] Vgl. Deborah Tannen: *Du kannst mich einfach nicht verstehen.* München 1993, S. 80ff.
[11] Vgl. Katrin Oppermann/ Erika Weber: *Frauensprache- Männersprache.* Zürich 1995, S. 23
[12] Vgl. http://arbeitsblaetter.stangl-taller.at/GESCHLECHT-UNTERSCHIEDE/.shtml
[13] Vgl. Ruth Ayaß: *Kommunikation und Geschlecht.* Stuttgart 2008, S. 65
[14] Vgl. Deborah Tannen: *Du kannst mich einfach nicht verstehen.* München 1993, S.
[15] Vgl. Katrin Oppermann / Erika Weber: *Frauensprache-Männersprache.* Zürich 1995, S.30ff
[16] Vgl. Julia Brenner: *Männersprache / Frauensprache. Geschlechtsspezifische Kommunikation.* Norderstedt 2003, S. 19

Um im Gespräch zu bleiben und den Wunsch nach Symmetrie zu erfüllen, verwenden Frauen häufig W-Fragen und tag-questions (Rückversicherungsfragen, z.B. „Siehst du das nicht auch so?"). „Fragen sind eines der stärksten kommunikativen Mittel, weil an eine Frage immer eine Antwort gekoppelt ist, [...] somit kann durch Stellen von Fragen, ein Gespräch aufrechterhalten werden".[17]

Anders als beim Mann ist der Redeanteil der Frauen in privaten Situationen höher als in öffentlichen Momenten, da sie sich privat wohl fühlen, das Zuhause ein Ort der Entspannung ist und sie endlich frei über alles sprechen können. Da für Frauen der Status und die öffentliche Erwartungshaltung sekundär ist, sind sie in der Öffentlichkeit eher zurückhaltend, abwartend und schweigsam.[18] Tannen bezeichnet dieses Situation als der „wortreiche Mann und die schweigsame Frau".[19]

2.3. Hypothesen zum weiblichen Sprachverhalten

Durch die Darstellung der geschlechtsspezifischen Kommunikationsstile von Mann und Frau ist klar geworden, dass es deutliche Unterschiede im Sprachverhalten gibt. In den letzten Jahrzehnten sind verschiedene Hypothesen zum weiblichen Sprachverhalten entwickelt worden, die im Folgenden in Kurzform dargestellt werden, da diese Hypothesen Ursache für die zu überprüfende Kommunikation im Netz sein könnten.

Die **Defizithypothese** geht davon aus, dass die „Frauensprache" gegenüber der „Männersprache" minderwertig ist. Die These, dass Frauen eher in einfachen Satzgefügen sprechen und Männer häufiger Haupt- und Nebensätze nutzen, begründet dies Otto Jespersen beschreibt bereits in den 20er Jahren in „Die Sprache, Ihr Natur, Entwicklung und Entstehung", dass diese sprachlichen Unterschiede biologisch vorgegeben sind. Er schreibt den Frauen ein sprachliches Defizit zu.[20]

Im Gegensatz zur Defizithypothese bewertet die **Differenzhypothese** die Andersartigkeit der weiblichen Sprache nicht negativ. Die Differenzhypothese, auch bekannt als Theorie der zwei Kulturen, begründet das unterschiedliche Sprachverhalten mit den kulturellen Unterschieden zwischen Männer- und Frauenwelt. Die Erfahrungen in gleichgeschlechtlichen Freundesgruppen bereits im Kindesalter führen demnach zu einem ansozialisiertem Sprachverhalten.[21]

---

[17] Vgl. Anke Kalaiah: *Gibt es geschlechtsspezifische Unterschiede bei den digitalen Kommunikationsformen?* Norderstedt 2007, S. 15
[18] Vgl. Deborah Tannen: *Du kannst mich einfach nicht verstehen.* München 1993, S. 80ff
[19] Vgl. Ebenda, S. 80
[20] Vgl. Otto Jespersen: *Die Sprache, Ihre Natur, Entwicklung und Entstehung.* Heidelberg 1925
[21] Vgl. Julia Brenner: *Männersprache / Frauensprache. Geschlechtsspezifische Kommunikation.* Norderstedt 2003, S. 15

Im **Doing-Gender-Ansatz** wird das spezifische Kommunikationsverhalten weiter gefasst als in der Differenzhypothese. Er geht davon aus, dass nicht nur geschlechtsspezifische Gründe für die Unterschiede verantwortlich sind, sondern auch die soziale Situation. Das Kommunikationsverhalten orientiert sich demnach auch nach dem Wissen darüber, wie man sich als Mann und Frau zu verhalten hat.[22]

Es soll in dieser Facharbeit nicht Aufgabe sein, die verschiedenen Hypothesen zu bewerten. Jedoch deuten die verschiedenen Ansätze daraufhin, dass die geschlechtsspezifischen Unterschiede in der verbalen Kommunikation auch evolutionsgeschichtliche Ursachen haben könnten. Im dritten Kapitel werde ich nun die geschlechtsspezifische Kommunikation im Netz analysieren, um dann den Einfluss der verbalen Kommunikation auf die Netzkommunikation bewerten zu können.

---

[22] Vgl. Anke Kalaiah: *Gibt es geschlechtssspezifische Unterschiede bei den digitalen Kommunikationsformen?* Norderstedt 2007, S. 12

3. Die Kommunikation von Mann und Frau im Netz

3.1. Das aktuelle Nutzungsverhalten in Deutschland und Erläuterungen zur Chatkommunikation

Anteil der Internetznutzer nach Geschlecht in Deutschland in den Jahren 2001 bis 2015

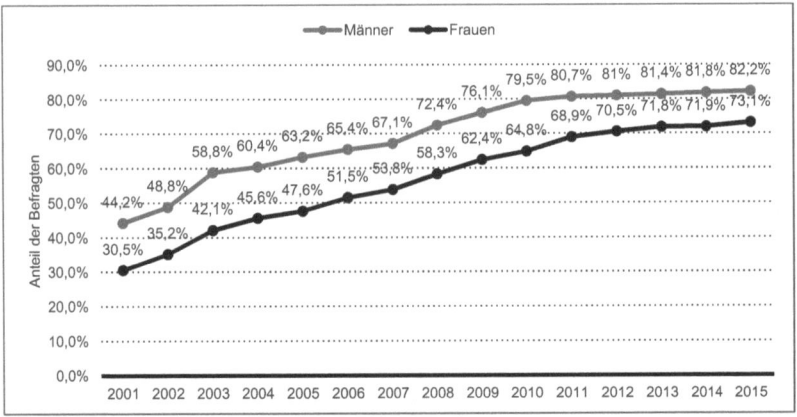

Abb. 1.: Vgl. Initiative D21 © statista: http://de.statista.com/statistik/daten/studie/3100/ umfrage/internetnutzung-in-deutschland-nach-geschlecht-seit-2001/

Eine aktuelle Studie, die das Statistikportal „Statistika" veröffentlich hat, belegt, dass sich in Deutschland die Internetnutzung von Mann und Frau in den letzten 15 Jahren mehr als verdoppelt hat, Der Männeranteil (82,2%) überwiegt dem Frauenanteil (73,1%) um fast 10-Prozentpunkte. Die Ursachen für diese Unterschiede werden jedoch nicht Bestandteil dieser Facharbeit sein, ebenso wenig eine Differenzierung der Internetnutzer in Altersgruppen, Bildungsgruppen oder Regionen, da hier ausschließlich die geschlechtsspezifische Analyse der Kommunikation im Vordergrund stehen soll. Die hohe Anzahl der Internetnutzer und die zunehmende Entwicklung der Internetkommunikation rechtfertigt wiederum die Untersuchung der Kommunikationsstile von Mann und Frau.

Die Kommunikation im Netz findet heute auf verschiedene Art und Weise statt. Soziale Netzwerke, Foren und Chats sind Plattformen, die eine Online-Kommunikation verursachen. Dabei ist zu unterscheiden zwischen geschlossener Netzkommunikation, bei denen die Teilnehmer ihre Gesprächspartner (bedingt) einschränken können (z.B. E-Mail, soziale Netzwerke, E-Mail, geschlossen Foren etc.) und offener

8

Netzkommunikation, bei der die Teilnehmer ihre Gesprächspartner nicht aussuchen können (offene Chats, offene Foren, Internetbefragungen, etc.).[23]

Chats sind synchrone, internetbasierte, textgebundene Kommunikationsmedien, die eine Kommunikation mit anderen Chat-Teilnehmern über das Internet in Echtzeit ermöglichen. Der Chat (engl. für Plauderei) als internetspezifische Kommunikationsform wird am ehesten dem mündlichen (verbalen) Gespräch zugeordnet, weil die Schreibweise im Chat dem mündlichen Ausdruck angepasst wird, auch wenn die Teilnehmer nicht sprechen, sondern tippen. Der dialogische Charakter, die Elemente der gesprochenen Sprache, das schnelle Tippen sowie der Gebrauch von emotional icons (Emoticons; auch bekannt unter Smileys), Akronymen (Abkürzungen, z.B. b4 für before), ASCII-Kunst (aus Satzzeichen bestehende Wörter) und Aktionswörtern (wie z.B. „zwinker", „würg" oder „lach") werden als Argument für die Mündlichkeit angeführt.[24]

Aus diesem Grund bildet die Chatkommunikation in dieser Facharbeit die Basis für den Vergleich mit der geschlechtsspezifischen verbalen Kommunikation. Zu beachten ist in der folgenden Analyse, dass die Zuordnung des Geschlechts in der Chatkommunikation anhand des Nicknames vorgenommen wird und der Nickname nicht immer mit dem Realnamen und dem Geschlecht korrespondieren muss. Demzufolge kann die Analyse allenfalls Tendenzen aufzeigen.[25]

3.2. Die Männersprache im Netz
Männer nutzen das Internet hauptsächlich als Informationsquelle. Sie bedienen sich einer faktorenorientierten Sprache und sind daran interessiert, ihre eigene Meinung kund zu tun und in den Vordergrund einer Diskussion zu stellen. Tatsachen und das Durchsetzen eigener Interessen sind wichtiger als das Klima einer Diskussion im Netz.

Demzufolge ist die Kommunikation der Männer im Netz geprägt von einem kompetetiven Stil; d.h. konkurrierend, am Wettbewerb ausgerichtet und statusorientiert. Sie grenzen sich in der Internetkommunikation voneinander ab und streben nach Erreichen des begehrten Status.[26]

Bereits Valeska Lübke in ihrem Buch „Cyber Gender – Geschlecht und Körper im Internet" hat in ihrer Dissertation 2005 anhand einer Online-Befragung festgestellt,

---

[23] Vgl. Gabriel Dorta: *Soziale Welten in* der Chat-Kommunikation. *Untersuchungen zur Identitäts- und Beziehungsdimension in Web-Chats*. Bremen 2005, S. 36
[24] Vgl. Ebenda, S. 36
[25] Vgl. Valeska Lübke: *Cyber Gender – Geschlecht und Körper im Internet -*. Königstein/Taunus 2005, S. 136
[26] Vgl. Ebenda, S. 136ff

„dass Männer im Netz sich eher durch Kritikäußerungen, sarkastische Bemerkungen und das Lächerlichmachen vorangegangener Beiträge auszeichnen, wobei die eigene Meinung in kompromissloser Weise hervorgehoben wird".[27]

Auffällig ist, dass Männer im Internet häufiger und länger diskutieren; sie neigen zu Ausschweifungen und ihre Formulierungen sind eher autoritärer und dominanter Natur. Desweiteren initiieren sie mehr Themen und verbreiten oft mehr Meinungen als Fakten. Sie neigen dazu, eine schroffe Sprache zu nutzen und sich aggressiv zu verhalten („flaming"), um ihre eigenen Beiträge aufzuwerten.[28]

Die Art und Weise der Netzkommunikation hängt aber auch davon ab, mit welchen Partnern sich der Mann unterhält. In rein männlichen Chatgruppen ist ein unpersönlicher, an Fakten orientierter Stil üblich. Argumente zur Durchsetzung des eigenen Stils stehen hier im Vordergrund. Sind vorwiegend Frauen in der Chatgruppe enthalten, formulieren Männer vorsichtiger und kompromissbereiter.[29]

Da die Männer eher an Informationsvermittlung interessiert sind, ist es nicht überraschend, dass sie aktiver an der Produktion von Inhalten beteiligt sind. So sind beispielsweise 91 % aller Autoren auf Wikipedia männlich.[30] Ein anderes Beispiel ist das Xing-Netzwerk (Soziales Netzwerk für vorwiegend berufliche Kontakte), welches mit einem Männeranteil von 65 % dominiert wird.[31]

Die dargestellten Inhalte lassen vermuten, dass Männer aufgrund ihrer Sach- und Zielorientierung weniger Emoticons, Akronyme oder Aktionswörter nutzen. Eine empirische Untersuchung zur Chat-Kommunikation von Anke Kalaiah konnte diese Vermutung allerdings nicht einwandfrei bestätigen. In der Untersuchung ließen sich keine signifikanten Unterschiede in der Emoticon-Nutzung und den Akronymen zwischen männlichen und weiblichen Nutzern ausmachen. Bei der Nutzung von Aktionswörtern wiederum gab es ein deutliches Übergewicht bei den Frauen.[32]

---

[27] Vgl. Valeska Lübke: *Cyber Gender – Geschlecht und Körper im Internet -*. Königstein/Taunus 2005, S. 136

[28] Vgl. Birgit Kampmann: *Die Hälfte des Himmels oder das gesamte Netz? Frauen im Internet*, in: Frauen und das Netz, Wiesbaden 2005, S. 48f

[29] Vgl. Birgit Kampmann: *Die Hälfte des Himmels oder das gesamte Netz? Frauen im Internet*, in: Frauen und das Netz, Wiesbaden 2005, S. 49

[30] Vgl. http://hashtag-some.de/von -strickblogs-und-netzpolitik- wie-frauen-und-maenner-im-social-web-kommunizieren

[31] Vgl. https://corporate.xing.com/no_cache/deutsch/presse/pressemitteilungen/pressemitteilungen-detailansicht/article/pressemitteilungbrforsa-studie-zeigt-frauen-nutzen-berufliche-netzwerke-staerker-als-maenner-und/572/81bb529d3ae40edbb0c0d455c6acf2bf/?tx_ttnews%5Bpointer%5D=45

[32] Vgl. Anke Kalaiah: *Gibt es geschlechtsspezifische Unterschiede bei den digitalen Kommunikationsformen?* Norderstedt 2007, S. 33

3.3. Die Frauensprache im Netz

Die Frauen nutzen das Netz oft als Medium, um dort Rat und Hilfe zu suchen oder auch zur Kontaktpflege. Sie sind dabei die größeren Beziehungsarbeiterinnen, denn sie richten ihr Augenmerk eher auf kommunikative Aspekte. Ähnlich wie im verbalen Kommunikationsstil wird auch im Internet der kooperative Stil genutzt; d.h. es besteht der Hang zur Besänftigung, Absicherung und Entschuldigung. Es werden vermehrt Fragen gestellt und auch die Offenlegung von Gedanken und Gefühlen ist Bestandteil der Kommunikation im Netz.[33]

Untersuchungen der konkreten sprachlichen Muster zeigen, dass Frauen verstärkt Pronomen, sogenannte „blog words" (z.B. „lol", „omg") und Begriffe der Zustimmung und Ablehnung nutzen, wodurch der Kommunikationsstil persönlicher und emotionaler wirkt.[34]

Frauen sehen sich im Netz oft als ein Teil der Gruppe; sie handeln kooperativ, um die Gruppe nicht zu gefährden. Dabei werden persönliche Belange als Teil des Ganzen verstanden, ohne sich zwingend durchsetzen zu wollen. Da weniger das „Ich" im Vordergrund steht, geht es mehr um die Situation als um das Erlebnis des Ganzen und um Unterstützung des Gegenübers.

Auffällig ist, dass Frauen in privaten sozialen Netzwerken etwas aktiver sind als Männer. Dies betrifft sowohl die Nutzerquote (Frauen: 59%, Männer 55 %) als auch die Verweildauer (71 % der Frauen täglich, 67 % der Männer täglich). Frauen weisen über alle Netzwerke hinweg auch mehr Freunde auf (Frauen 147; Männer 136). Dies lässt sich auch am Beispiel der Online-Community Facebook belegen. Jeder dritte Frau (34 Prozent) nutzt Facebook täglich. Bei den Männern liegt der Anteil bei 24 %.[35]

Ausgehend von diesen Aussagen könnte man davon ausgehen, dass Frauen häufiger Emoticons, Akronyme oder Aktionswörter nutzen, um ihre Gefühle auszudrücken. Dies konnte in der von Anke Kalaiah durchgeführten empirischen Untersuchung, wie schon in Kapital 3.2. dargestellt, für die Emoticons und die Akronyme nicht nachgewiesen werden, wohl aber bei den Aktionswörtern.[36]

---

[33] Vgl. Valeska Lübke: *Cyber Gender – Geschlecht und Körper im Internet* -. Königstein/Taunus 2005, S. 138

[34] Vgl. http://hashtag-some.de/von -strickblogs-und-netzpolitik- wie-frauen-und-maenner-im-social-web-kommunizieren

[35] Vgl. Klaus Wöhler und Claudia Knobloch: *Wie Frauen von der digitalen Entwicklung profitieren könn(t)en – Empirische Befunde zur weiblichen und männlichen Internetnutzung. Frauen im Internet,* in: Die Frauen und das Netz, Wiesbaden 2005, S. 9

[36] Vgl. Anke Kalaiah: *Gibt es geschlechtsspezifische Unterschiede bei den digitalen Kommunikationsformen?* Norderstedt 2007, S. 33

4. Einfluss der geschlechtsspezifischen Kommunikation auf die Kommunikation im Netz

Stellt man nun die Ergebnisse aus der vorangegangenen Analyse gegenüber, wird deutlich, dass sich die geschlechtsspezifischen Kommunikationsstile von Mann und Frau in der Internetkommunikation wiederfinden.

Zusammenfassend betrachtet pflegen die Männer sowohl in der verbalen Kommunikation als auch in der Internetkommunikation einen eher kompetetiven und sachorientierten Stil, der auf Informationsweitergabe, -gewinnung und Statuserhalt ausgerichtet ist.

Die Tatsache, dass die Männer im Internet länger und häufiger diskutieren, findet sich ebenfalls in der Face-to-Face-Kommunikation wieder. Dies gilt vor allem für öffentliche Diskussionsforen und eigeninitiative Veröffentlichungen im Internet. Dass der Anteil an Social-Media-Aktivitäten, bei denen eher sozialer Austausch stattfindet, bei den Männern kleiner ist, überrascht demnach nicht.[37] Das in der Einleitung dargestellte Beispiel einer privaten Kommunikation zwischen Mann und Frau im Chat ist auch ein Spiegelbild zur verbalen Kommunikation; hier ist der Mann eher wortkarg und distanziert, während die Frau versucht, Beziehungsarbeit zu leisten.

Die Feststellung, dass im Rahmen der verbalen Kommunikation Männer weniger fragestellend agieren, damit sie sich nicht in eine schwächere und untergeordnete Rolle begeben, als gewünscht[38], trifft genauso im Netz zu, da hier das Durchsetzen der eigenen Meinung im Vordergrund steht und nicht das Akzeptieren des virtuellen Gegenübers.[39]

Auch bei den Frauen findet sich die verbale Kommunikation in der Internetkommunikation wieder. In beiden Kommunikationsformen sind sie eher kooperativ, harmonisierend und fragestellend tätig. Sie sind eher an den Belangen der Gruppe interessiert und nutzen die Kommunikation im Internet zur Kontaktpflege. Demnach ist es nachvollziehbar, dass die Frauen im Netz in den geschlossenen Foren, bei denen sie sich ihre Gesprächspartner aussuchen können, aktiver sind als Männer.

„Da die Frau eher kürzer und knapper, dazu eher fragend als antwortend kommunizieren, sich eher entschuldigend, absichernd, besänftigend und unterstützend

---

[37] Vgl. http://hashtag-some.de/von -strickblogs-und-netzpolitik- wie-frauen-und-maenner-im-social-web-kommunizieren

[38] Vgl. Katrin Oppermann/Erich Weber: *Frauensprache – Männersprache*. Zürich 1995, S. 3

[39] Vgl. Valeska Lübke: *Cyber Gender – Geschlecht und Körper im Internet -*. Königstein/Taunus 2005, S. 136f

äußern, ist die Relevanz von Geschlecht trotz Unsichtbarkeit des Körpers unbestreitbar", urteilt Birgit Kampmann in Ihrem Beitrag „Die Hälfte des Himmels oder das ganze Netz? Frauen im Internet".[40]

Trotz bestehender Anonymität und der Möglichkeit, die eigene Identität im Netz zu verschleiern, können (und wollen) die meisten Internetnutzer ihre Persönlichkeit und ihre individuellen Eigenschaften nicht verleugnen.

Die in dieser Facharbeit festgestellten Übereinstimmungen zwischen Face-to-Face-Kommunikation und Internetkommunikation zwischen Mann und Frau manifestieren meines Erachtens auch die in 2.3. in Kurzform dargestellten Hypothesen zum weiblichen Sprachverhalten. Evolutionsgeschichtlich verfügt das männliche Geschlecht eben über deutlich mehr Erfahrung, vor allem in der öffentlichen Kommunikation.

Auch Valeska Lübke hat in ihrem Buch „Cyber Gender - Geschlecht und Körper im Internet" bereits festgestellt, dass „geschlechtstypische Ausdrucksformen tief im Individuum verankert sind und sich meist unbewusst vollziehen, weil sie seit frühester Kindheit antrainiert wurden".[41]

Weil Männer und Frauen unterschiedliche Bedürfnisse und Erwartungen haben, auch bei der Kommunikation, ist somit der deutliche Einfluss der geschlechtsspezifischen Face-to-Face-Kommunikation auf die Kommunikation im Netz nicht überraschend.

Wie schon bei der Face-to-Face-Kommunikation angesprochen, bedeutet das selbstverständlich nicht, dass alle Männer und Frauen grundsätzlich in der dargestellten Art und Weise im Internet kommunizieren, die deutliche Tendenz wird aber bestätigt.

---

[40] Vgl. Birgit Kampmann: *Die Hälfte des Himmels oder das gesamte Netz? Frauen im Internet*, in: Frauen und das Netz, Wiesbaden 2005, S. 49
[41] Vgl. Valeska Lübke: *Cyber Gender* – Geschlecht und Körper im Internet –. Königstein/Taunus 2005, S. 141

5. Fazit

Die Ergebnisse dieser Facharbeit haben gezeigt, dass das in der Einleitung dargestellte Beispiel einer Kommunikation im Chat zwischen Mann und Frau ein Spiegelbild der Kommunikation von Mann und Frau ist, sowohl in der verbalen Kommunikation als auch in der Kommunikation im Netz.

Die Ergebnisse dieser Facharbeit belegen aber auch, dass die jeweilige Situation (privat oder offiziell), die Anzahl der Beteiligten (ein oder mehrere Teilnehmer), der Gesprächspartner (gleichgeschlechtlich oder ungleichgeschlechtlich) und auch die Gesprächsintention (informierend oder kontaktpflegend) Auswirkungen auf die Art und Weise der Kommunikation von Mann und Frau hat. Abhängig von diesen Parametern ist die Kommunikation von Mann und Frau sehr unterschiedlich; dies betrifft die verbale Kommunikation und die Internetkommunikation in gleichem Maße.

Mein Vergleich zwischen der geschlechtsspezifischen Kommunikation und der Internetkommunikation von Mann und Frau hat gezeigt, dass das World Wide Web online abbildet, was die unterschiedlichen Geschlechter offline bewegt. Es dient damit auch als Gradmesser für zukünftige Veränderungen in der Gesellschaft, vor allem im Rollenverständnis.

Das (virtuelle) Internet bleibt aber bis dahin auch ein Abbild der (realen) Welt, die Männer und Frauen für sich entdeckt haben und nutzen. Jeder auf seine Art und Weise.

Eine Untersuchung, die auch das Alter, den Berufsstand oder auch die Bildung der Internetnutzer berücksichtigt und differenziert, war nicht Ziel und Bestandteil dieser Facharbeit, könnte aber ein Bestandteil einer weitergehenden Analyse sein.

6. Quellenverzeichnis

Ayaß, Ruth (2008): Kommunikation und Geschlecht – Eine Einführung. Stuttgart, Verlag W. Kohlhammer

Brenner, Julia (2003): Männersprache / Frauensprache. Geschlechtsspezifische Kommunikation. Norderstedt, GRIN Verlag GmbH

Dorta, Gabriel (2005): Soziale Welten in der Chat-Kommunikation, Untersuchungen zur Identitäts- und Beziehungsdimension in Web-Chats. Bremen, U. Hempen Verlag

Grundmann, Melanie: „Von Strickblogs und Netzpolitik – Wie Frauen und Männer im Social Web kommunizieren", http://www.hashtag-some.de/von-strickblogs-und-netzpolitik-wie-frauen-und-maenner-im-social-web-kommunizieren-2/, Erfolgter Zugriff: 27.12.2015

Initiative D21 © Statista (2015): „Anteil der Internetnutzer nach Geschlecht in Deutschland in den Jahren 2001 bis 2015." http://de.statista.com/statistik/daten/studie/3100/umfrage/internetnutzung-in-deutschland-nach-geschlecht-seit-2001/, Erfolgter Zugriff: 17.02.2016

Jespersen, Otto (1925): Die Sprache, Ihre Natur, Entwicklung und Entstehung. Heidelberg, Verlag Winter

Kalaiah, Anke (2007): Gibt es geschlechtsspezifische Unterschiede bei den digitalen Kommunikationsformen? Norderstedt, GRIN Verlag GmbH

Kampmann, Birgit (2005): Die Hälfte des Himmels oder das ganze Netz? Frauen im Internet. in: Die Frauen und das Netz (2005), Hrsg.: Birgit Kampmann, Bernhard Keller, Michael Knippelmeyer, Frank Wagner. Wiesbaden, Gabler Verlag

Kopka, Marc-Sven (2009): „Studie: Forsa-Studie zeigt: Frauen nutzen berufliche Netzwerke stärker als Männer und helfen ihren Kontakten eher weiter". https://corporate.xing.com/index.php?id=108&L=0&tx_ttnews[tt_news]=787, Erfolgter Zugriff: 21.02.2016

Kreher, Antje (2008): Frauensprache – Männersprache. Die Geschlechtsspezifischen Unterschiede in der Kommunikation. Norderstedt, GRIN Verlag GmbH

Lübke, Valeska (2004): Cyber Gender, Geschlecht und Körper im Internet. Königstein/Taunus, Ulrike Helmer Verlag

Oppermann, Katrin / Weber, Erika (1995): Frauensprache – Männersprache, Die verschiedenen Kommunikationsstile von Männern und Frauen. Zürich, Orell Füssli Verlag

Papsdorf, Christian (2013): Internet und Gesellschaft. Wie das Netz unsere Kommunikation verändert. Frankfurt am Main, Campus Verlag

Schulz von Thun, Friedemann (1998): Miteinander reden – Das „innere" Team und situationsgerechte Kommunikation - Band 3. Reinbek bei Hamburg, Rowohlt Taschenbuchverlag

Stangl, Werner: „Geschlecht und Kommunikation. Geschlechtsspezifische Kommunikationsmuster", http://arbeitsblaetter.stangl-taller.at/GESCHLECHT UNTERSCHIEDE/Geschlecht-Kommunikation.shtml, Erfolgter Zugriff: 30.12.2015

Tannen, Deborah (1993): Du kannst mich einfach nicht verstehen, Warum Männer und Frauen aneinander vorbeireden. München, Goldmann Verlag

Wöhler, Klaus / Birner, Katrin (2005): Wie Frauen von der digitalen Entwicklung profitieren könn(t)en – Empirische Befunde zur weiblichen und männlichen Internetnutzung. In: Die Frauen und das Netz (2005), Hrsg.: Birgit Kampmann, Bernhard Keller, Michael Knippelmeyer, Frank Wagner. Wiesbaden, Gabler Verlag

Anhang

- Anhang 1 -

Grundmann, Melanie: „Von Strickblogs und Netzpolitik – Wie Frauen und Männer im Social Web kommunizieren", http://www.hashtag-some.de/von-strickblogs-und-netzpolitik-wie-frauen-und-maenner-im-social-web-kommunizieren-2/, Erfolgter Zugriff: 27.12.2015

- Anhang 2 -

Initiative D21 © Statista (2015): „Anteil der Internetnutzer nach Geschlecht in Deutschland in den Jahren 2001 bis 2015." http://de.statista.com/statistik/daten/studie/3100/umfrage/internetnutzung-in-deutschland-nach-geschlecht-seit-2001/, Erfolgter Zugriff: 17.02.2016

- Anhang 3 -

Kopka, Marc-Sven (2009): „Studie: Forsa-Studie zeigt: Frauen nutzen berufliche Netzwerke stärker als Männer und helfen ihren Kontakten eher weiter". https://corporate.xing.com/index.php?id=108&L=0&tx_ttnews[tt_news]=787, Erfolgter Zugriff: 21.02.2016

- Anhang 4 -

Stangl, Werner: „Geschlecht und Kommunikation. Geschlechtsspezifische Kommunikationsmuster", http://arbeitsblaetter.stangl-taller.at/GESCHLECHT-UNTERSCHIEDE/Geschlecht-Kommunikation.shtml, Erfolgter Zugriff: 30.12.2015

BEI GRIN MACHT SICH IHR WISSEN BEZAHLT

- Wir veröffentlichen Ihre Hausarbeit,
  Bachelor- und Masterarbeit

- Ihr eigenes eBook und Buch -
  weltweit in allen wichtigen Shops

- Verdienen Sie an jedem Verkauf

Jetzt bei www.GRIN.com hochladen und kostenlos publizieren